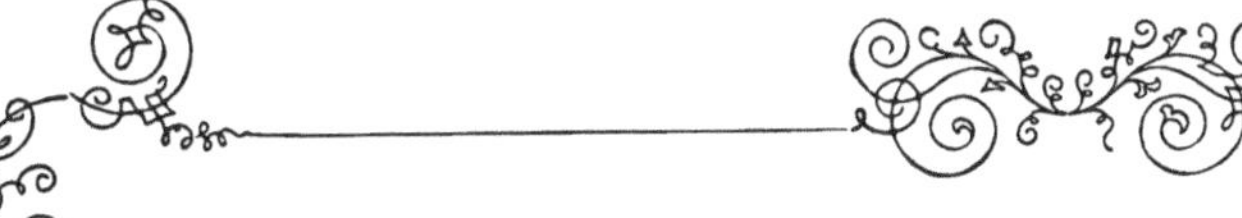

LA EXPRESIÓN DEL DOLOR MEDIANTE
LA ESCRITURA A MANO
TIENE UN EFECTO **CANALIZADOR.**

ESCRIBIR HACE QUE FLUYAN LAS EMOCIONES
DEJÁNDOLAS EN EL PAPEL.

DE OTRO MODO, PERMANECERÍAN LATENTES EN EL
INTERIOR "RESONANDO".

ESCRIBIR PERMITE EXPRESAR SIN CAER EN EL RIESGO
DE EXPECTATIVAS DE RESPUESTA DE LOS DEMÁS.

EL FEEDBACK REENVIADO POR LOS QUE ESCUCHAN VUELVE
A PONER INEVITABLEMENTE EN MOVIMIENTO EL DOLOROSO
CÍRCULO VICIOSO.

ESTA POSIBILIDAD SE ANULA SI LA NARRACIÓN ES ESCRITA.

-GIORGIO NARDONE

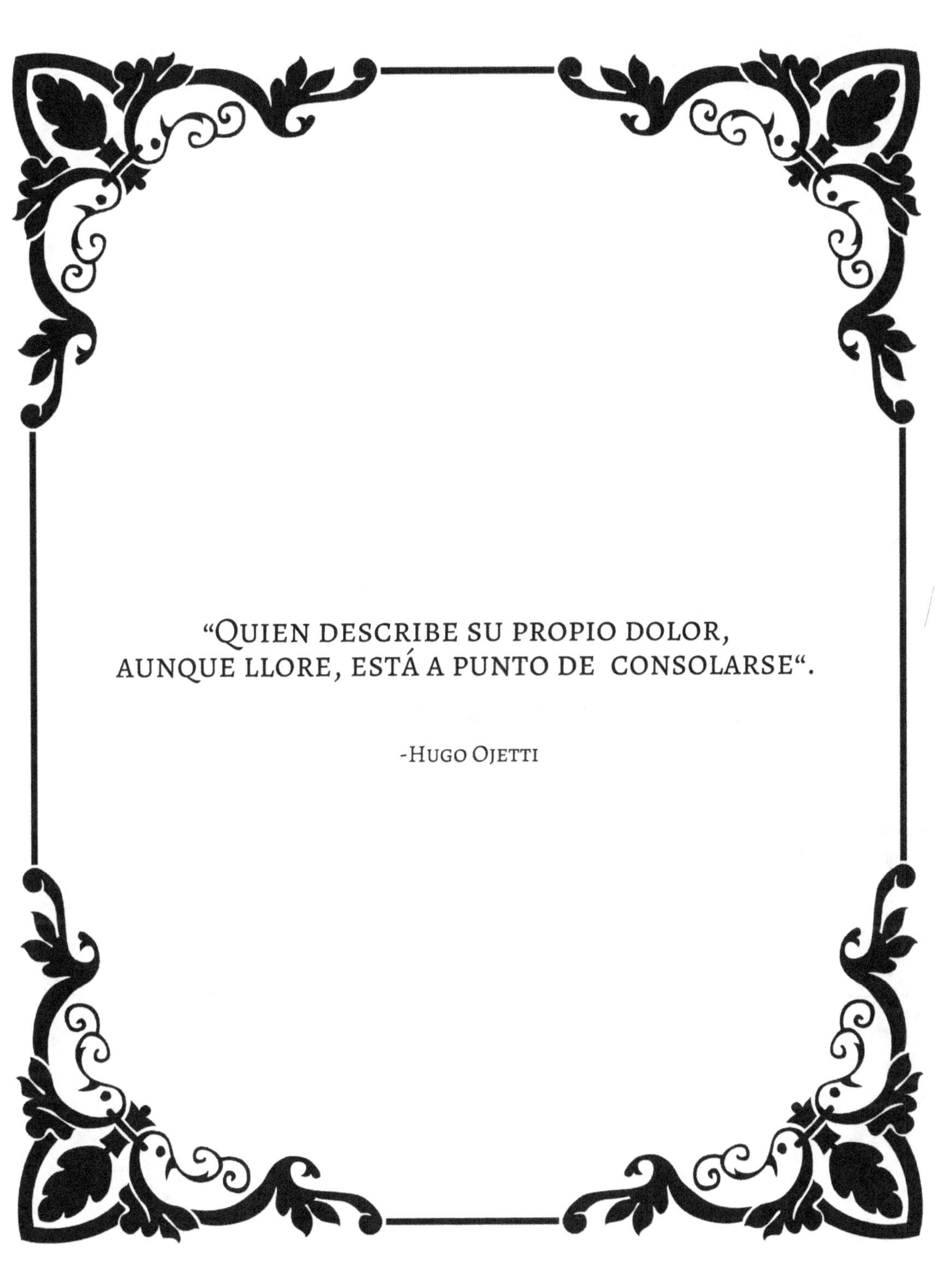

"QUIEN DESCRIBE SU PROPIO DOLOR,
AUNQUE LLORE, ESTÁ A PUNTO DE CONSOLARSE".

-HUGO OJETTI

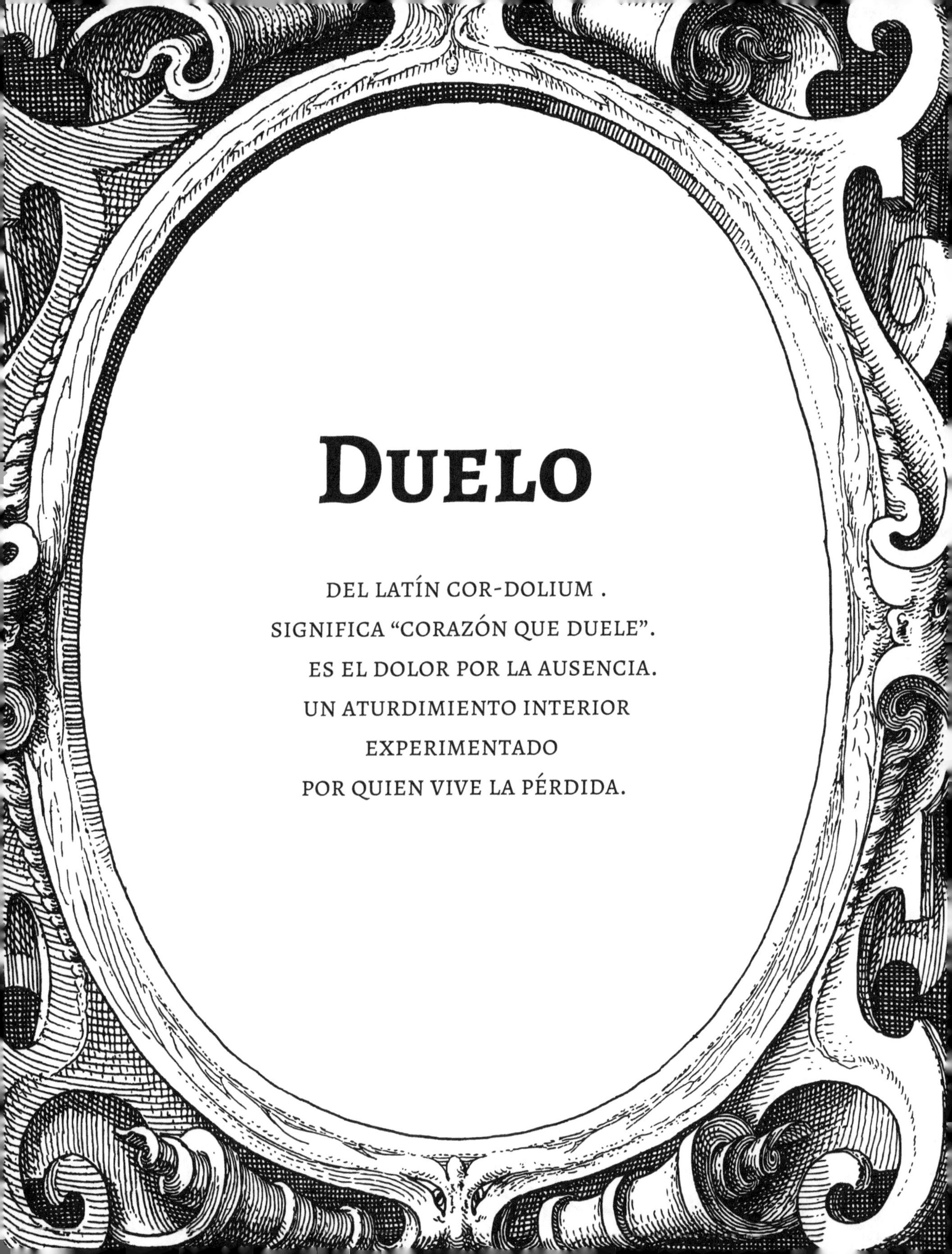

DUELO

DEL LATÍN COR-DOLIUM .
SIGNIFICA "CORAZÓN QUE DUELE".
ES EL DOLOR POR LA AUSENCIA.
UN ATURDIMIENTO INTERIOR
EXPERIMENTADO
POR QUIEN VIVE LA PÉRDIDA.

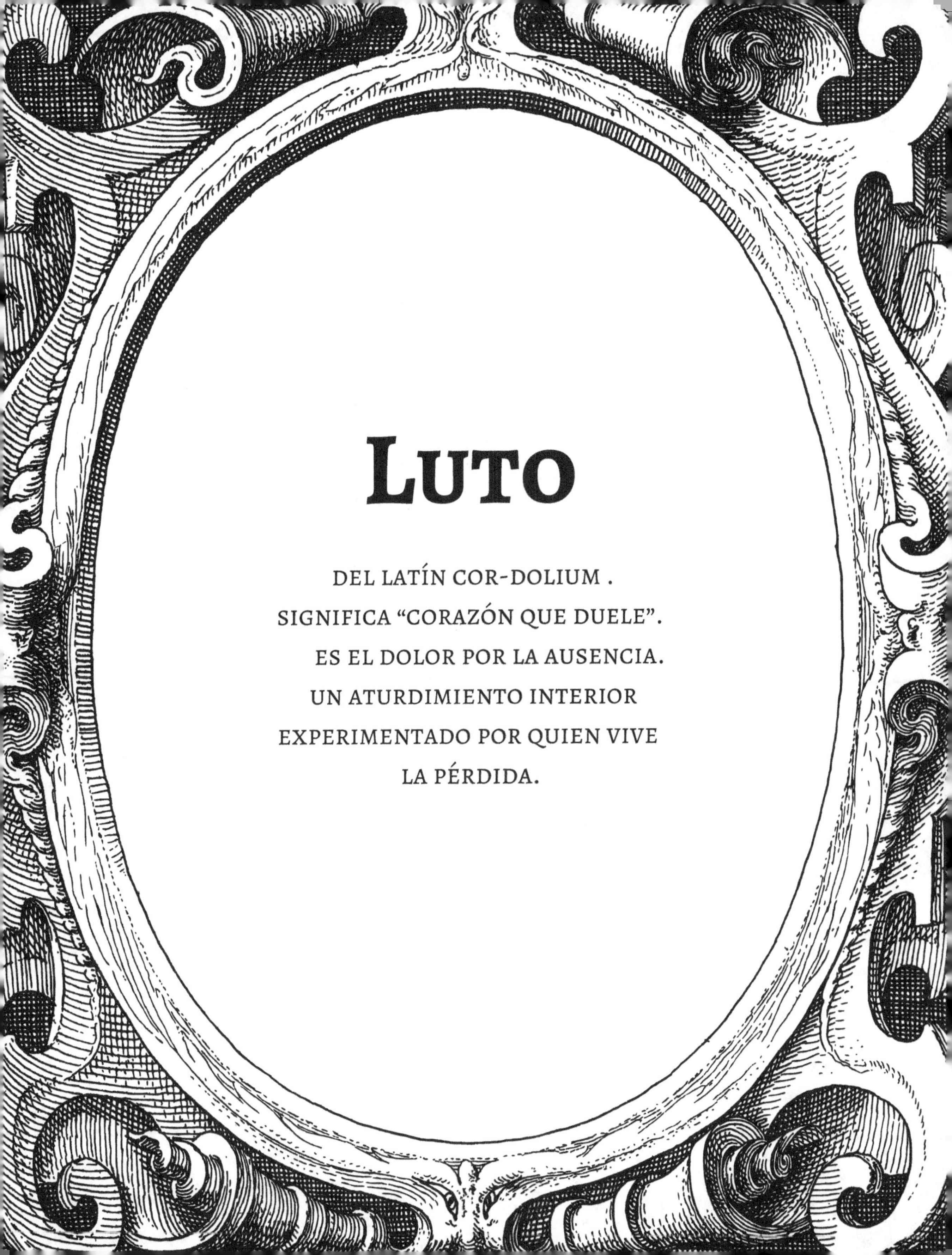

LUTO

DEL LATÍN COR-DOLIUM .
SIGNIFICA "CORAZÓN QUE DUELE".
ES EL DOLOR POR LA AUSENCIA.
UN ATURDIMIENTO INTERIOR
EXPERIMENTADO POR QUIEN VIVE
LA PÉRDIDA.

"La única forma de superar un dolor,
es pasando por en medio de él."

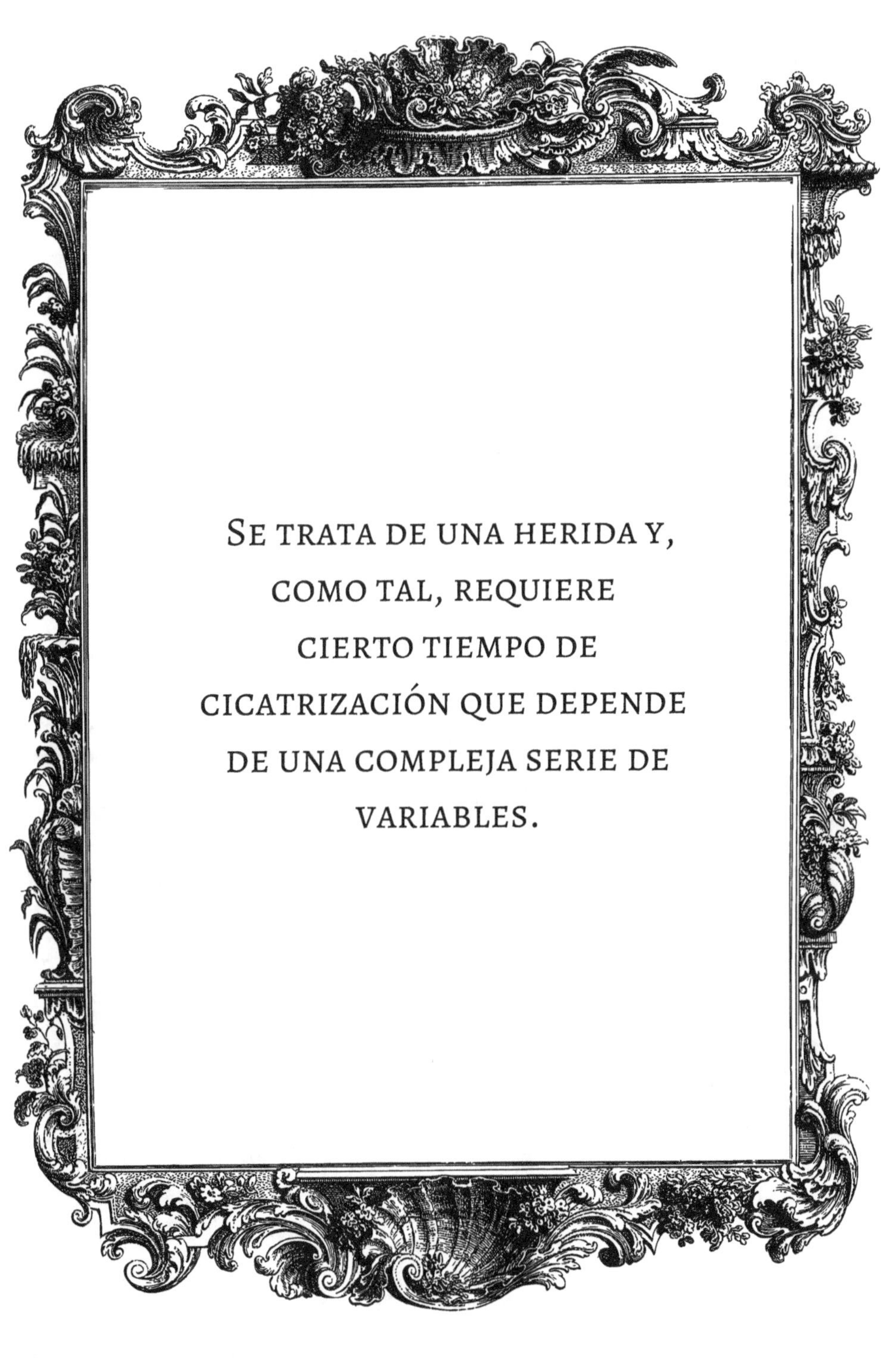

Se trata de una herida y, como tal, requiere cierto tiempo de cicatrización que depende de una compleja serie de variables.

"QUIEN HUYE DEL DOLOR,
SE LLEVA DETRÁS A SU PEOR ENEMIGO: ÉL MISMO".

-DICHO ORIENTAL

EVITA EVITAR EL DOLOR .

Reserva un espacio diario para escribir acerca de tu dolor. Esto te permitirá procesarlo e irlo superando poco a poco.

En tu honor.

Dale forma a tu dolor.

(Durante 5 minutos escribe todo
lo que estés sintiendo y pensando).

Mi red de apoyo para no dejarme caer son:

Desde tu partida me he sentido:

Siento enojo por:

Siento miedo de:

Siento tristeza por:

A veces me siento culpable por:

SIENTO ORGULLO DE...

Lo que me da paz es...

Aunque sea con la mejor intención,
no me ayuda cuando los demás me dicen que...

EL MOMENTO MÁS DIFÍCIL DEL DÍA ES:

Cuando hago esto me siento más ansioso:

Te pido perdón por:

Me hubiera gustado decirte que:

Nuestra relación era especial porque:

"*El dolor nos recoloca en medio de las cosas de una nueva manera*"

-C. Rebora.

Quiero contarte algunas cosas que me
han sucedido desde que no estás aquí....

Me da esperanza que...

ALGO QUE HE APRENDIDO CON ESTA PÉRDIDA ES:

MIS PRIORIDADES HAN CAMBIADO CON ESTE DUELO, AHORA...

Siempre te recordaré así.

NUNCA OLVIDARÉ ESTE DÍA.

En las fechas importantes te honraré así:

Esto me reconforta cuando me siento decaído

Desde que te fuiste, me he acercado más a...

DESDE QUE NO ESTÁS,
ME HAN SURGIDO ESTAS NUEVAS PREOCUPACIONES

Lo que más extraño es:

Desde que no estás aquí han cambiado algunas cosas....

Esto me ayuda a sentirme un poco mejor.

Estoy agradecido por:

Mis recuerdos favoritos son:

Tus cosas favoritas eran:

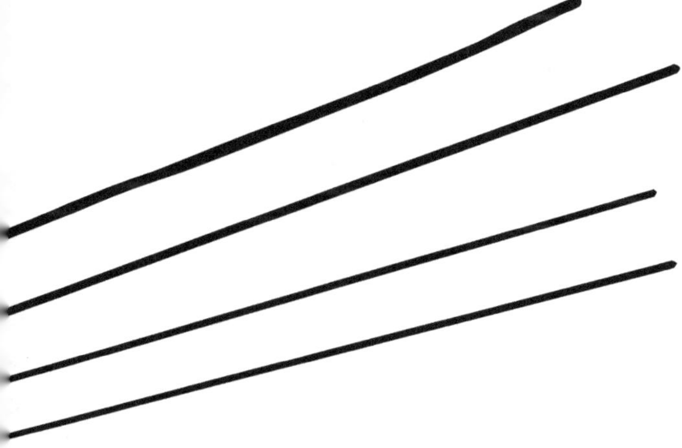

NOS ENCANTABA HACER ESTO JUNTOS:

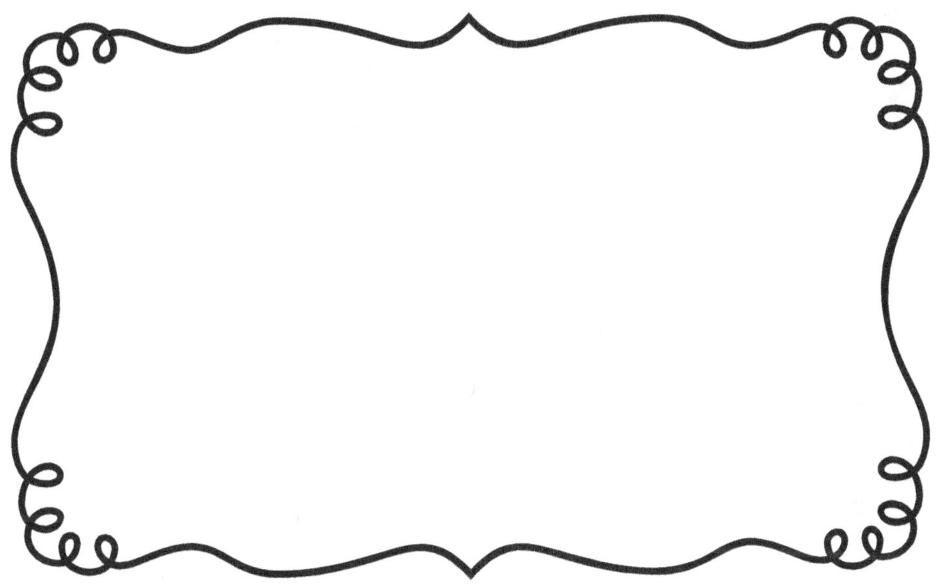

Este fue uno de nuestros viajes favoritos

Eras el mejor haciendo esto:

Aún disfruto esto...
(A pesar de mi dolor).

Te honraré haciendo:

Cuidaré esto por ti...

Tengo que continuar con esto para no poner mi vida en pausa.

Te agradezco por haberme enseñado:

DESCANSA EN PAZ.